Vues de la Grèce Moderne,

LITHOGRAPHIÉES PAR A. J.,

Accompagnées d'un Texte Descriptif,

Par E. L.

Paris,

A l'Imprimerie Lithographique de C. DE LASTEYRIE, dirigée par R. L. Brégeaut, rue du Bac, N° 58, au fond du passage S.te-Marie.

Chez DONDEY-DUPRÉ PÈRE ET FILS, Imp.-Lib., rue S.t-Louis, N° 46, au Marais, et rue de Richelieu, N° 67, vis-à-vis la Bibliothèque du Roi.
TREUTTEL ET WURTZ, Libraires, rue de Bourbon, N° 17.

Et chez les principaux Libraires de France et de l'Étranger.

IMPRIMERIE DE DONDEY-DUPRÉ.

M DCCC XXIV.

Souvenez vous de Marathon

Introduction.

LE VIEILLARD ET LE SOULIOTE.

(IMITATION DU GREC MODERNE.)

> Οπου δ' επ'αφροιλην μπυ πυθμη
> Εδραν εχοντα, σιροντα
> Σταζοιτα χειρας και νεοσπαδες ξιφος·
> Εχειν°......
> J'aperçois un guerrier assis sur un roc escarpé ;
> son air est sombre, et son glaive dégoutte de sang.
>   Eschyle.

LE VIEILLARD.

Enfant de Souli, que fais-tu sur la colline solitaire? La nuit a déployé ses voiles mystérieux, la nuit règne partout, et tandis que le Musulman farouche allume ses feux dans la plaine, tes compagnons fatigués ont cédé au sommeil : toi seul veilles pour eux; pourquoi sembles-tu fuir le repos? Noble enfant de Souli, que fais-tu sur la colline solitaire?

LE SOULIOTE.

Vieillard, je songe aux malheurs de mon pays, je songe à ses destinées futures; aujourd'hui, nous avons combattu pour lui, demain, nous combattrons encore, et tant que l'étranger pèse sur le sol de la patrie, le repos n'est pas fait pour moi.

LE VIEILLARD.

Je ne puis qu'applaudir à de si nobles sentimens; mais quel fruit espères-tu de tes efforts généreux ?

LE SOULIOTE.

La liberté, ou la mort.... Accablés sous un joug de fer, quelques Grecs dégénérés ont pu, pendant un tems, sommeiller dans la nuit de la servitude; mais enfin, la Grèce entière se réveille, les chaînes tombent de toutes parts, et la gloire va renaître avec la liberté.

LE VIEILLARD.

La liberté !.... Crois-tu qu'il soit si facile de la mériter? Un instant suffit pour la perdre, des siècles entiers ne suffisent pas pour la reconquérir. D'ailleurs, vos ennemis sont puissans, leurs soldats innombrables, et, pour qu'une moitié de la Grèce soit libre, peut-être faudra-t-il que l'autre moitié périsse.

LE SOULIOTE.

Et qu'importe ! Heureux ceux qui sont morts pour une si noble cause! Heureux ceux qui doivent encore mourir pour elle! Quant à moi, je n'ai plus que ma vie à lui offrir, et je la lui sacrifierai avec joie : père, femme, enfans, j'ai tout perdu ; le glaive musulman, semblable à un feu destructeur, a tout dévoré, tout détruit, tout..... excepté la haine qui me soutient, et l'espérance qui me console.

LE VIEILLARD.

Généreux Souliote, combien j'admire et ton courage et ta noble résignation ! Quand je songe à tous les traits d'héroïsme de tes compatriotes, je me sens enorgueillir de mon origine, mon esprit s'enflamme de tous les feux de la jeunesse, et je crois voir revivre en vous, Léonidas et ses compagnons. Pendant les siècles de servitude qui viennent de peser sur ma malheureuse patrie, le sentiment sublime de la liberté sembla s'être réfugié tout entier parmi vous; la main flétrissante de la tyrannie ne put faire fléchir vos têtes, et vos rochers parurent comme des boulevards inexpugnables que la nature même avait élevés contre l'oppression.

LE SOULIOTE.

Oui, l'amour de la patrie et la haine de l'étranger, voilà quelle fut toujours notre existence.

LE VIEILLARD.

Et croyez-le, ces sentimens sont le gage assuré de votre délivrance. Ce sont eux qui firent les vertus de vos ancêtres, qui vainquirent aux journées de Marathon, de Salamine, de Platée, et qui placèrent trois cents héros dans les gorges des Thermopyles; ce sont eux encore, qui vous feront trouver en vous-mêmes des ressources inespérées. Vous êtes pauvres, je le sais, mais vos aïeux étaient pauvres comme vous; comme vous, ils n'avaient que du courage et du fer, et cependant ils triomphèrent de la puissance la plus opulente et la plus formidable de la terre. Vous vaincrez à votre tour, et ce n'est point là ce qui cause mes craintes.

LE SOULIOTE.

Des craintes! Quand nous aurons cessé d'être esclaves, que pourrions-nous redouter encore?

LE VIEILLARD.

Quand vous aurez cessé d'être esclaves, tous vos dangers ne seront point passés. Cet objet de tant de vœux, de tant de sacrifices, la liberté peut devenir pour vous un don des plus funestes.

LE SOULIOTE.

La liberté! Se peut-il?

LE VIEILLARD.

Croyez-en mon âge et mon expérience; la liberté, sans doute, est par elle-même le plus grand de tous les biens; mais si elle n'est point retenue dans de justes limites, et modérée par de sages lois, bientôt elle dégénère en licence; bientôt elle opprime ceux qu'elle devait consoler, et ne ressemble plus alors qu'à un torrent destructeur qui inonde et ravage les campagnes, où ses eaux sagement distribuées, auraient répandu la fertilité et le bonheur. Ce n'est pas tout encore; eussiez-vous échappé à ce premier danger, la sagesse elle-même vous eût-elle dicté des lois, combien je crains qu'au milieu du trouble inséparable d'une régénération nouvelle, le serpent de l'ambition ne vienne infecter jusqu'à vos triomphes, n'emprunte, pour mieux vous tromper, les dehors de la gloire et du patriotisme, ne s'élève en grondant au milieu d'un peuple de frères, et bientôt, oubliant que les lois sont faites pour le bonheur de tous, et se plaçant insolemment au-dessus des institutions auxquelles il eût dû obéir lui-même, il ne vous fasse repentir de tous vos sacrifices, maudire vos triomphes, et ne vous impose un joug plus pesant encore que celui que vous aurez brisé!

LE SOULIOTE.

Quoi! Nous pourrions regretter notre première servitude! Nous pourrions retomber sous le joug des Musulmans?

LE VIEILLARD.

Non, plutôt la mort. Entre un maître irrité et l'esclave qui a rompu sa chaîne, il n'est plus de traité possible: et quels bienfaits pourriez-vous désormais attendre de vos farouches oppresseurs, de ces barbares qui ne triomphent que pour détruire, qui réunissent un gouvernement atroce à une religion meurtrière, et font brûler sur un même bûcher, les hommes, les livres et les institutions? Je ne vois de comparable au crime de les imiter et d'en faire l'éloge, que celui de se soumettre à eux.

LE SOULIOTE.

Eh bien! parle, que devons-nous faire?

LE VIEILLARD.

Combattre, vaincre, et surtout vous défier de l'ivresse de la victoire.

LE SOULIOTE.

Vieillard, tes paroles ont quelque chose de puissant et de surnaturel, qui me pénètre et me subjugue. Qui donc es-tu? Quel est ton pays et ton nom?

LE VIEILLARD.

Mon pays est l'Attique, et mon nom jouit jadis de quelque célébrité. Comme toi, je combattis pour la liberté de ma patrie, et des fers devinrent le prix de mes triomphes...,. Mais je ne puis rester plus long-tems avec toi, déjà l'aube blanchit le faîte des collines, déjà le Musulman s'agite autour de ses tentes, et tes compagnons ont ressaisi leurs armes; retourne vers eux, et si vos cœurs ont besoin d'espérance, si votre courage s'étonne à l'aspect de tant d'ennemis, *Souvenez-vous de Marathon!*

A ces mots, les yeux du vieillard brillèrent d'un feu divin, peu à peu il s'éleva dans les airs, disparut en laissant sur ses traces un long sillon de lumière, et le Souliote reconnut l'ombre de Miltiade : « O toi, s'écria-t-il, le plus vertueux des héros qui ont illustré ma patrie, toi qui parus plus grand encore dans les prisons d'Athènes qu'aux plaines de Marathon, et qui mourus dans les fers après avoir brisé les fers de ta patrie, viens encore parmi nous, viens nous guider au combat, enflammer notre courage, et nous apprendre à vaincre et à mourir comme toi! »

Sparte

VUES DE LA GRÈCE MODERNE.

Sparte.

> . . . . . . *O ubi campi*
> *Spercheïusque et virginibus bacchata Lacænis*
> *Taygeta* . . . . . .
>   Virgile.
>
> Quelle cité jadis a couvert ces collines ?
> Sparte, répond notre guide... Eh quoi ! ces murs détruits,
> Quelques pierres sans nom, des tombeaux, des ruines,
> Voilà Sparte, et sa gloire a rempli l'univers !...
>   Casimir Delavigne.

C'est un spectacle bien triste et bien imposant à la fois, que celui d'une ville célèbre dont il ne reste que des souvenirs et des ruines! Ces palais détruits, ces temples renversés, ces marbres, ces colonnes, en perdant leur splendeur primitive, n'ont rien perdu de la gloire qui les fit élever; et le tems même, en détruisant l'élégance de leurs formes, leur laissa une beauté idéale qui surpasse tous les efforts humains, et parle à l'imagination plus fortement encore que les chefs-d'œuvre des arts, les prodiges du génie. Telle est Sparte aujourd'hui; cette ville, jadis si florissante, qui parut long-tems comme le sanctuaire des mœurs et du patriotisme, qui présenta aux efforts de la corruption et de la tyrannie, une barrière toujours inexpugnable; cette ville, dans laquelle Néron même n'osa point entrer tandis qu'il visitait la Grèce, n'offre plus qu'un amas de pierres et de décombres, parmi lesquels l'œil cherche en vain à découvrir les traces d'une grandeur qui ne vit plus que dans le souvenir.

 C'est sur les bords de l'Eurotas, et au milieu d'une vaste plaine, que s'élevait l'ancienne Sparte, dont les débris couvrent encore plusieurs collines. La plaine est bornée au nord, par quelques éminences peu élevées au-dessus de la surface du sol;

au midi, par une chaîne de petites collines ; à l'est, par des hauteurs qui forment trois lignes distinctes en s'élevant les unes au-dessus des autres ; et à l'ouest enfin, par les monts Taygètes, qui offrent un aspect imposant et sauvage, et qui, tantôt couverts de pins, tantôt profondément sillonnés par le lit des torrens, présentent des sommets taillés à pic et quelquefois chargés de neige. L'Eurotas coule vers le midi, et les ruines de Sparte situées à sa rive occidentale, paraissent sur quelques collines séparées, au sommet desquelles on aperçoit encore des restes de murailles et de bâtimens. Une de ces ruines, plus considérable et mieux conservée que les autres, paraît indiquer la place où s'élevait jadis la citadelle. De ce point, Sparte et l'Eurotas, la plaine et les montagnes offrent à l'œil du spectateur un vaste tableau, dans lequel la nature, jetant des fleurs au milieu des ruines, et étalant ses richesses parmi les images de la destruction, semble vouloir nous enseigner qu'elle seule est grande, elle seule immortelle. Qu'on nous permette d'emprunter ici les expressions d'un homme, qui fut devenu sans doute, le premier écrivain de notre époque, s'il eût pu réprimer les écarts de son imagination, et ne pas entrer dans une carrière brillante à la vérité, mais dans laquelle les muses refuseront toujours de le suivre. C'est lui qui parle :

« Comme j'arrivais au sommet de la colline, le soleil se levait derrière les monts Ménélaïons. Quel beau spectacle ! mais qu'il était triste ! L'Eurotas, coulant solitaire sous les débris du pont Babyx, des ruines de toutes parts, et pas un homme parmi ces ruines ! Je restai immobile, dans une espèce de stupeur, à contempler cette scène. Un mélange d'admiration et de douleur arrêtait mes pas et ma pensée ; le silence était profond autour de moi. Je voulus du moins faire parler l'écho, dans des lieux où la voix humaine ne se faisait plus entendre, et je criai de toute ma force : Léonidas !... Aucune ruine ne répéta ce grand nom, et Sparte sembla l'avoir oublié (1). »

Non, elle ne l'a point oublié ce nom glorieux ; aux premiers accens de la liberté renaissante, Sparte a pris une nouvelle vie, de nouveaux héros ont paru, qui, semblables à leurs ancêtres, ont juré de vivre libres ou de mourir, et seuls, au milieu des ruines, n'ayant de ressource qu'en leur propre courage, se sont ressouvenu surtout, que les remparts de leur ancienne patrie *étaient dans le cœur de ses citoyens.*

(1) Chateaubriand, *Itinéraire de Paris à Jérusalem.*

Ruines d'un temple près d'Andruzzena en Arcadie.

Ruines d'un Temple
Près d'Andruzzène, en Arcadie.

Et ego in Arcadia......

Il n'est peut-être pas de contrée en Europe que l'on puisse comparer à l'Arcadie, pour la beauté et l'inépuisable variété des sites. Les parties méridionales, celles qui avoisinent la Laconie, la Messénie, et l'Elide, sont principalement remarquables, et présentent une suite de tableaux où la nature semble avoir pris plaisir à déployer tour à tour, sa fécondité, sa grandeur, et sa magnificence. Tantôt, ce sont des vallées riantes, des ruisseaux limpides, et des collines couronnées de pins; tantôt des sites pittoresques, d'heureux contrastes, des effets imprévus qui viennent s'offrir aux regards, et commander l'admiration. Quelquefois aussi, le sol prend un aspect plus sévère, et aux environs de *Caritène*, par exemple, des montagnes arides, de profonds précipices, et des torrens qui roulent avec fracas sous un dôme de peupliers et de sapins noircis par les ans, présentent un spectacle à la fois effrayant et sublime, qui pénètre l'ame d'étonnement et de terreur. Telle est, enfin, l'aspect général de l'Arcadie, qu'on croirait, en la visitant, lire les brillantes descriptions des poètes, si chaque pas n'apprenait au voyageur étonné, combien ces descriptions sont faibles et insuffisantes.

La situation d'Andruzzène, est elle-même fort remarquable, et les ruines que les habitans appèlent encore στηλαι, ou colonnes, se trouvent à quelques milles de la ville, sur le penchant d'une colline à laquelle ces restes d'architecture ruinée, donnent un air extrêmement pittoresque. On pense généralement que ces ruines fesaient autrefois partie d'un temple consacré à Apollon ou à Diane; elles sont assez bien conservées, et l'on aperçoit encore sur leur base un grand nombre de colonnes cannelées, appartenant à l'ordre Dorique, et taillées sur une pierre grisâtre que le tems a noirci encore davantage. Le plan du temple et les lieux adjacens sont couverts de piliers tronqués et de fragmens d'architecture qu'il est presqu'impossible de reconnaître. Au reste, on trouverait difficilement un endroit plus solitaire, et plus propre à inspirer des pensées religieuses et sublimes ; entourée de montagnes dont le sommet s'élève très-haut, et dont les flancs sont hérissés de bois touffus, cette vallée présente un aspect silencieux, mélancolique même, et aucun signe d'habitation, aucune trace de culture ne viennent interrompre la solitude profonde qui y règne.

Pour peu qu'on parcoure l'Arcadie, pour peu qu'on veuille réfléchir sur le caractère et les mœurs de ses habitans, on ne tarde pas à être frappé de la ressemblance de ce pays avec un pays voisin du nôtre ; et même, cette ressemblance se change en une conformité parfaite, lorsqu'on se rappèle le rôle que les Arcadiens ont joué dans l'histoire de l'ancienne Grèce. On sait que leurs villes formaient autant de petites républiques, qui se réunissaient en une espèce de confédération, et qui toutes avaient le droit d'envoyer un député à la diète générale. Les Arcadiens eux-mêmes étaient robustes, courageux, entreprenans, jaloux surtout de leur liberté, et cependant on les voyait dans les intervalles de repos, trafiquer de leur indépendance, se mettre à la solde des puissances étrangères, et suivant quelquefois des partis opposés, porter les armes les uns contre les autres. Qui ne croirait reconnaître dans ce portrait les traits d'une nation moderne ? et cependant ils sont tous puisés dans les annales de l'antiquité.

Porte de Mycènes.

Porte de Mycènes.

> The morning sun of Greece's glory rose
> Upon thy tow'rs, Mycenæ, gleaming far
> In battle's pomp, and when it set in night,
> It cast a parting ray against thy walls,
> Ruin'd and desolate.—
>
>   Haygarth.

Mycènes était située à cinquante stades (environ quatre milles et quart), d'Argos sa rivale, ou plutôt sa constante ennemie. Il ne reste de cette ville si ancienne que quelques parties de murailles, dont la construction paraît remonter jusqu'aux tems héroïques, et que leurs hautes, leurs vigoureuses proportions ont fait attribuer aux Cyclopes, par une erreur assez ordinaire aux hommes, toujours prêts à rapporter à des êtres surnaturels, tout ce qui étonne leur esprit par des idées de force ou de grandeur. L'architecture de Mycènes est donc un des plus anciens monumens qu'on puisse voir, et n'intéresse pas moins la curiosité, sous le rapport des formes, que sous celui de l'époque qui lui donna naissance. Dans un enfoncement formé par deux épaisses murailles, on aperçoit une grande porte, dont toutefois la hauteur ne peut être exactement déterminée à cause de l'exhaussement considérable du terrain. Cette porte est surmontée d'un immense bloc de pierre, qui présente un morceau de sculpture extrêmement curieux; des deux côtés d'un pilier dont le chapiteau est fait en forme de couronne, sont représentés deux lions debout et en regard, comme ceux, qui de nos jours, soutiennent des armoiries. Tous les voyageurs s'accordent à dire qu'on ne peut rien voir de plus imposant que ce genre d'architecture, auquel le silence et la solitude, qui règnent sur les ruines de Mycènes, ajoutent encore un air de grandeur et de gravité (1).

(1) Ces ruines ne sont pas les seules qui restent de l'ancienne Mycènes, et l'on y trouve encore une grande partie des murs de la citadelle, et les ruines d'une autre porte.

L'erreur qui a fait confondre pendant long-tems Argos avec Mycènes, semble avoir été produite par quelques passages de tragédies grecques, dans lesquels on a considéré ces deux villes comme n'en formant qu'une seule (1). En effet, le meurtre de Clytemnestre est représenté tantôt comme ayant eu lieu à Argos, tantôt comme ayant été commis à Mycènes ; et dans Iphigénie en Tauride, Oreste place indifféremment le lieu de sa naissance dans la première ou la seconde de ces deux villes. Quoi qu'il en soit, Mycènes fut, selon le témoignage de Strabon et de Pausanias, fondée par Persée, et détruite par les Argiens, après la bataille de Salamine. Aujourd'hui, déserte et isolée, elle n'offre plus que quelques ruines éparses, et quelques tombeaux sans nom, sur lesquels les habitans du pays passent avec indifférence, et que les voyageurs s'empressent seuls de visiter.

> Au bord de l'horizon le soleil suspendu
> Regarde cette plage autrefois florissante,
> Comme un amant en deuil, qui, pleurant son amante,
> Cherche encor dans ses traits l'éclat qu'ils ont perdu,
> Et trouve après la mort sa beauté plus touchante.
>
> CASIMIR DELAVIGNE.

(1) Sophocle, *Électre*. — Euripide, *Électre* et *Iphigénie en Aulide*.

Le Pnyx et l'Acropolis
à Athènes.

Le Pnyx et l'Acropolis, à Athènes.

Id quidem infinitum est in hac urbe; quâcumque enim ingredimur, in aliquam historiam vestigium ponimus.
CICERO.

Nous arrivons enfin à cette ville célèbre que tant d'honneurs ont illustrée, que tant de souvenirs embellissent encore, et qui, aux jours de sa fortune, répandit sur toute la terre des rayons de gloire, dont une longue suite de siècles n'a pu ternir l'éclat. Mais à son aspect, quel sentiment pénible s'élève dans l'ame du voyageur ! Il n'ose en croire ses yeux ; cet objet, si long-tems désiré et recherché avec tant d'ardeur, s'offre en vain à sa vue, il le rejette comme l'effet d'une cruelle illusion, il craint d'avancer, il interroge à peine, et le cœur gros de tristesse et d'effroi, il regrette déjà ses fatigues, ses dangers et jusqu'à son espérance. Heureusement que cet état ne peut être pour lui de longue durée ; il entre, et bientôt le doute affreux qui l'agitait fait place aux émotions du plus vif enthousiasme ; chaque pas, chaque objet deviennent une source inépuisable d'admiration et de bonheur : Voilà la tribune où tonna Démosthènes, le théâtre qui retentit long-tems des immortelles productions de Sophocle et d'Euripide ; ces bancs déserts qu'arrose l'Ilissus, sont les lieux où Socrate avait coutume de converser avec ses disciples ; cette tour, qui s'élève sur le sommet du Parnethum, est l'antique Philos, d'où Trasybule, fixant la citadelle d'Athènes, jura la perte des trente tyrans, et accomplit sa promesse ; enfin, cette pierre carrée, sans ornemens, et posée sur une simple base qu'on aperçoit sur un promontoire voisin, c'est le tombeau de Thémistocle ; à cette vue, mille souvenirs, mille réflexions se présentent en foule à la pensée, et les imposantes images du génie, de la vertu et de l'héroïsme, s'y reproduisent avec de si vives couleurs, qu'elles laissent à peine le tems de considérer les objets qui, à Athènes, ne peuvent occuper qu'une place secondaire, et qu'on ne songe d'abord à admirer ni la constante sérénité du ciel, ni l'aspect majestueux des montagnes qui s'élèvent à quelque distance de la ville.

Mais ce sentiment délicieux qui ne peut toucher que l'ame du voyageur éclairé, ce sentiment qui lui fait trouver partout des objets déjà connus, des amis long-tems désirés, se change en ennuis et en mortifications pour celui qui ne se rend en Grèce que dans l'espérance de satisfaire à une vaine et ignorante curiosité. M. Haygarth raconte qu'à son arrivée à Livadie, il rencontra un gros marchand anglais, qui n'avait éprouvé que des dégoûts continuels depuis le moment fatal où, pour la première fois, il avait mis le pied sur le sol de la Grèce ; les rivières et les montagnes qu'il venait de voir ne lui semblaient point supérieures à celles de son pays natal; les auberges et les routes étaient décidément détestables, et il assurait, avec un grand sérieux, que la plus grande partie des parcs anglais renfermaient des monumens aussi beaux que le temple de Thésée.

Athènes est située dans une plaine d'environ dix milles de diamètre. Cette plaine est bornée au nord par le mont Brilessus, au nord-est, par le Pentélique, au sud-est, par le mont Hymette, et à l'ouest, par la longue chaîne des monts Icariens et Egaliens. A la partie du sud-ouest, le rivage hérissé de rochers repousse les flots du golfe Saronique qui vont ensuite se précipiter avec un bruit monotone et mélancolique dans les ports déserts du Pyrée, de Munychie et de Phalère. Depuis le Pyrée jusqu'au mont Pentélique, la plaine est couverte d'un bois d'oliviers, traversé par le Céphise dont les eaux arrosent aussi les jardins de l'Académie, qui fournissent aujourd'hui des végétaux aux habitans d'Athènes. L'Ilissus, coulant d'abord à deux milles du Céphise, se réunit avec lui avant de se jeter dans la mer, et c'est dans la courbe décrite par leur jonction que se trouve l'Acropolis formé de roches escarpées, et surmonté des ruines du Parthenon. Athènes, au lieu d'embrasser comme autrefois tout le circuit de l'Acropolis, n'occupe plus que sa partie septentrionale, et les fondemens des anciennes murailles qu'on aperçoit encore à côté des nouvelles, doivent porter à croire que l'étendue de la ville n'a subi aucun changement remarquable dans cette direction.

Le Pnyx est un plateau demi-circulaire, situé sur une colline à l'ouest de l'Acropolis; les rayons qui coupent cet arc de cercle forment entr'eux un angle obtus, taillé dans le roc, et sur lequel s'élèvent les restes du Bηµα ou tribune aux harangues. Là, dit un jeune poète que nous avons souvent occasion de citer,

Là fut l'autel de la Fortune,
Ce rocher portait la tribune;
Sa base encor debout parle encore aux héros
Qui peuplent la nouvelle Athènes;
Prêtez l'oreille.... Il a retenu quelques mots
Des harangues de Démosthènes.

C'est sur le Pnyx que se tenaient ordinairement les assemblées du peuple pour accorder des récompenses ou élire des magistrats; assemblées auxquelles étaient forcés d'assister tous les citoyens en état de porter les armes, et qui commençaient toujours par cette imprécation solennelle contre les traîtres à la patrie : « *Périsse, maudit des Dieux avec sa race, quiconque agira, parlera ou pensera contre la république.* Pendant le cours de sa longue existence politique, Athènes éprouva beaucoup de revers, et toujours elle put les attribuer à sa fortune, c'est qu'Athènes, comme on vient de le voir, maudissait la trahison; malheur au pays où on la récompense !

Vue de l'Acropolis, du Parthenon et des colonnes d'Adrien,
prise de l'Ilissus.

Vue de l'Acropolis,
du Parthénon et des Colonnes d'Adrien,
Prise de l'Ilissus

> .... Behold
> Where yonder columns on their ruin'd shafts
> Bear the deep shades of age.
> HAYGARTH.

L'Ilissus n'est plus aujourd'hui qu'un ruisseau peu considérable, dont les eaux n'acquièrent quelque étendue qu'après les orages d'hiver; les arbres qui embellissaient autrefois ses bords, et à l'ombre desquels Socrate aimait à s'entretenir avec ses disciples, ont disparu, et l'on chercherait en vain les vestiges des temples de Cérès et de Diane Agrotère, qui s'élevaient non loin de cette rivière (1). Toutefois, prise de ce point, la vue d'Athènes est plus belle, plus imposante; et l'Acropolis, le Parthénon, les colonnes d'Adrien, semblent lutter de grandeur, d'intérêt et de majesté. Mais les regards se reposent de préférence sur ce superbe temple de Minerve, dont la construction fut ordonnée par Périclès, conduite par Phidias lui-même, et qui, six cents ans après, paraissait, dit Plutarque, sortir encore des mains de l'ouvrier.

Avant d'arriver au Parthénon, on rencontre six colonnes doriques de marbre blanc que l'on considère, en général, comme les restes des Propylées, et qui furent dédiées à Mercure Propyléen, ou gardien de l'entrée du temple. Bientôt on arrive sous le péristile même du Parthénon, formé antérieurement par huit immenses colonnes cannelées d'ordre dorique, ayant quarante-deux pieds de haut, et dix-sept et demi de circonférence à leur base. Ces colonnes, simples et légères, soutiennent une frise qui appuie un frontispice où était représentée la naissance de Minerve. Les gradins, les colonnes, les chapiteaux, les architraves, la frise, le fronton, tout est de marbre, et, à quelques pas plus loin, huit colonnes égales et parallèles aux premières, posent sur un pavé poli, et soutiennent ensemble la voûte imposante du péristile. Il serait inutile d'entrer ici dans de longs détails descriptifs qu'on

(1) Pausanias, liv. 1.

peut trouver dans la plupart des ouvrages qui ont été écrits sur la Grèce, et nous nous contenterons de dire que c'est au Parthénon et sous son péristile, que le peuple se portait en foule les jours de fête ; c'est là que se rendaient les processions pompeuses des Athéniens, que les étrangers et les barbares étaient forcés d'adorer le génie des Grecs non moins que leurs divinités, et que les philosophes, fuyant le tumulte de la ville, venaient contempler la nature, et méditer sur la vertu. La pureté de l'air, l'élévation du site, l'aspect de la mer et de la plaine sur laquelle on domine, la vue de ce temple et le recueillement qu'il inspire, élevaient l'ame à de hautes pensées, et l'on ne doit point s'étonner, dit un écrivain moderne, si ces grands hommes osèrent quelquefois se confondre avec leurs dieux ; quels mortels en approchèrent jamais davantage ?

Un édifice qui ne mérite guères moins de fixer l'attention, est le temple de Jupiter Olympien, dont les majestueuses ruines paraissent sur la rive septentrionale de l'Ilissus, et au sud-est de l'Acropolis. Quoiqu'il ne reste aujourd'hui que seize colonnes sur pied, on peut reconnaître cependant la place de celles qui ont été renversées ou détruites. Ces colonnes cannelées, d'ordre corinthien, ayant cinquante-deux pieds de hauteur, et environ dix-huit de circonférence, étaient disposées en six rangs parallèles, de vingt chacun, et occupaient un espace de vingt stades, c'est-à-dire d'un demi mille. Les voûtes, les murs, les colonnes, les galeries étaient tous en marbre de Phrygie, enrichi d'or, d'albâtre et de magnifiques peintures. Tite-Live dit que ce temple était le seul qui fût digne du dieu qu'on y adorait, et l'on ne peut s'empêcher d'estimer la mémoire de cet empereur romain qui se plut à relever les monumens d'Athènes, et chercha à faire revivre le siècle de Périclès ; de tels exemples sont assez rares dans l'histoire du Monde, et l'on ne doit pas moins admirer ceux qui consolent la terre, que ceux qui s'appliquent à la ravager.

Temple de Thésée.

Temple de Thésée.

> Parmi nella figura il guardo intento,
> Chè vinta la materia è dal lavoro:
> Manca il parlar: di vivo altro non chiedi,
> Nè manca questo ancor, s'agli occhi credi.
> Torquato Tasso.

Parmi une multitude de monumens élevés par la superstition, par l'orgueil ou par la flatterie, les seuls qu'on puisse regarder comme vraiment honorables, sont ceux qu'une postérité libre et reconnaissante consacre à la mémoire des grands hommes. Aux jours de la prospérité, aux jours de la puissance, tout est tremblant, tout est soumis, et c'est alors qu'on a vu trop souvent le crime heureux ou l'audacieux despotisme s'ériger des statues et se placer sur des autels. Mais lorsque la mort a mis fin à toute autorité, lorsque le génie et la vertu font sentir seuls leur influence, rien alors ne commande plus à l'opinion des hommes; leur jugement est libre, impartial, et les honneurs qu'ils décernent doivent être considérés comme glorieux, parce qu'ils sont mérités. Combien, surtout, ces honneurs acquièrent plus d'éclat et de solennité, lorsqu'ils ont pour but de réparer l'injustice et de récompenser le malheur!

Telle est la pensée qui présida à la construction du temple de Thésée. Ce prince, honoré d'abord comme législateur, fut ensuite banni comme tyran, mourut dans son exil, et devint enfin l'objet d'un culte religieux, lorsque la voix de la reconnaissance put seule se faire entendre dans le cœur des Athéniens, et que Cimon, fils de Miltiade, fut envoyé en Crète pour en rapporter les restes d'un héros malheureux.

Le monument élevé dans cette circonstance, peut être considéré comme un des plus beaux édifices d'Athènes, et c'est, sans contredit, celui qui a le plus résisté aux injures du tems : situé au nord-ouest de l'Acropolis, il se trouve aujourd'hui hors de la ville, au milieu de laquelle il s'élevait (1), et cette espèce d'isolement ajoute encore à la grandeur et à l'élégance de ses formes (2). Son architecture appartient à l'ordre dorique, et le péristyle qui l'environne est formé par des colonnes cannelées, en marbre pentélique. Six de ces colonnes composent les façades antérieure et postérieure de l'édifice, tandis que les côtés en présentent treize, y compris celles qui sont aux angles. Les marches par lesquelles on montait au temple sont entièrement détruites, et, du côté méridional, la terre s'est tellement exhaussée, qu'elle est actuellement de niveau avec le parvis intérieur. Le tems a ruiné aussi les bas-reliefs extérieurs qui représentaient les travaux de Thésée, et ce n'est que dans l'enceinte même du temple qu'on trouve quelques sculptures de la frise, encore intactes. L'une d'elles représente une bataille qui est peut-être celle de Marathon; sur une autre, sont tracées les guerres des Centaures contre les Lapithes : toutes sont d'une pureté d'exécution vraiment admirable; et, comme le dit Hésiode :

...... σμικῦκτοι ὥσει ζώοι ἄνερ ἐοντες,
Εὐχσιν ὑπ᾽ ἐλαίης ἀντοσχεδον ὠριξινοντο (3).

Quelques parties de murailles sont couvertes de peintures à fresque représentant des figures de Saints ; car, pendant un certain tems, ce temple a été consacré au culte des Grecs modernes ; mais aujourd'hui il n'est plus d'aucun usage, et les portes en sont ordinairement fermées.

(1) Plutarque, *Vie de Thésée*.
(2) On dirait qu'en respectant ce monument, le tems a pris soin de justifier cette prédiction d'un poète latin :
...... Manet æternumque manebit
Indelis Theseus ......
(3) Semblables à des guerriers vivans, ils voloient au combat, et se frappaient l'un l'autre de leurs armes.

Le Parnasse et Delphes.

Le Parnasse et Delphes.

> Il παρίστατο δ᾿ὑστέρως ἐμπίπτουσα τόλμη πως τὸν ζοντα τῇ χώρᾳ τῇ εὐχερίᾳ, ἐπειὰν ἢσα χωρίᾳ ἀνιχμένα καὶ ἀναχωροῦντα παραπλατὰ δ παρακόρα παραπύργωσε, οἷα σιδίας ἑαυτοῦς τῶν πόλει τρισὶν καμπτεραί (*).
>
> HÉLIODORE.

Au centre de la Phocide, deux monts escarpés s'élèvent brusquement au-dessus de la petite ville de Delphes; leurs flancs, noircis et sillonnés par le tems, sont couverts, par intervalles, de buissons ou de fleurs sauvages, et l'on dirait qu'ils ont été séparés l'un de l'autre par une violente commotion: voilà quelle est aujourd'hui cette double montagne si célèbre dans la Fable; les poètes, tont en la représentant comme hérissée de difficultés, n'ont pu s'empêcher de l'embellir de mille charmes, d'en faire le séjour enchanteur des Muses, et il n'y a encore de bien réel, dans leurs brillantes descriptions, que l'élévation extrême des deux sommets, et les nombreux obstacles qu'on éprouve avant d'y parvenir.

Le Parnasse est une des plus hautes montagnes de la Grèce. Pausanias décrit ses sommets comme étant ordinairement cachés au milieu des nuages, et Wheler compare leur élévation à celle du Mont-Cenis (1). La neige dont ils sont constamment couverts, leur a fait donner les épithètes de νιφόεντα et de νιφόβολος, qu'on trouve dans la plupart des anciens poètes (2); et la dénomination moderne *Liakura*, tire probablement son origine de la ville de Λυκωρεια (3), qui était autrefois bâtie sur la montagne même, et avait fait donner à Apollon le titre de *Lycoréen* (4).

(*) La ville parut à mes yeux comme le séjour d'un être supérieur; et c'est surtout sa situation qui produisit en moi cette impression religieuse : car le Parnasse, semblable à un rempart ou à une citadelle, élevés par les mains mêmes de la nature, est comme suspendu au-dessus de la ville qu'il enveloppe toute entière en se prolongeant sur ses côtés.

(1) Wheler's Travels, page 318.
(2) Homère et Euripide.
(3) Strabon, liv. 9.
(4) Callimaque, liv. 19.

On sait que le Parnasse fut l'objet d'une grande vénération parmi les Grecs, les grottes en étaient sacrées, et les nuages qui entouraient constamment ses cimes, les faisaient regarder comme le théâtre où Bacchus avait coutume de présider à ses orgies (5). Parmi les grottes dont parle Strabon, celle de Corycie paraît avoir été la plus considérée; elle était la demeure des nymphes Coryciennes, filles du fleuve Pléistus, et, quoique Wheler suppose qu'elle s'élevait immédiatement au-dessus de la fontaine de Castalie, il est évident, d'après le témoignage de Pausanias, qu'elle en était séparée par un long intervalle (6). La fontaine, située dans la séparation des deux corps du Parnasse, coule dans un lit formé par des rochers qui s'élèvent perpendiculairement de chaque côté, et répandent une obscurité assez épaisse sur la surface des eaux; le cours en est peu considérable en été, mais en hiver, il s'étend, s'élève et se précipite avec toute l'impétuosité d'un torrent. Hélas! cette source a perdu sa force inspiratrice, les poètes ne vont plus s'y désaltérer, et les eaux dans lesquelles les jeunes prêtresses avaient coutume de baigner leur longue chevelure (7), ne servent plus aujourd'hui qu'à blanchir les vêtemens des habitans dégénérés du Parnasse!

Delphes, qu'on ne désigne actuellement que sous le nom de Castri, est placée sur la pente méridionale de la montagne, à une élévation assez considérable au-dessus de la plaine. Strabon dit qu'elle avait autrefois seize stades (environ deux milles) de circonférence; mais, quoique son enceinte fut fort étendue, comme on peut en juger par des restes de murailles qu'on aperçoit encore à quelque distance de la ville, il est probable que le nombre des habitans était fort limité, et que la population se composait, en grande partie, de personnes employées au service des temples.

Cette ville, autrefois si renommée par l'influence que la superstition lui avait donnée, cette ville dont les oracles firent si souvent les destins des nations et des rois, n'est plus aujourd'hui qu'un pauvre village composé de deux cents maisons, et à peine y trouve-t-on des traces de son antique célébrité ; quelques débris épars attestent encore la place où s'élevait le fameux temple d'Apollon ; mais foulée et méconnue par les habitans,

Son enceinte est muette et ne rend plus d'oracles.

(5) Euripide et Aristophane.
(6) Pausanias, chap. 32.
(7) Euripide.

Sommet du Pinde.

Sommet du Pinde.

> . . . . . . Eternal Nature
> O let me seek thy haunts upon the brows
> Of Pindus, where thou dwell'st 'midst solitude,
> Of stern sublimity...
> HAYGARTH.

Le Pinde présente aux regards du voyageur curieux, les tableaux les plus variés et les plus imposans qu'on puisse voir. Hérissé de rochers, et creusé par de profonds précipices, il s'élève à une hauteur considérable, et sert de barrière aux vastes plaines de la Thessalie, sur laquelle son sommet intercepte les derniers rayons du jour, selon l'expression d'un poète latin, *maturato præcidit vespere lucem* (1). Le sentier qui conduit au haut de la montagne, passe tantôt sur les rives du Metrovo, tantôt sur le bord des précipices ; et, la beauté des sites qu'il découvre, fait oublier facilement les dangers dont il est environné. Des rochers se terminant en pointe, ou restant comme suspendus dans les airs, des bois immenses de pins et de sapins entourant les flancs de la montagne, des torrens impétueux, roulant avec fracas dans un lit creusé sur le roc, forment un ensemble si pittoresque et si sublime, que l'œil peut à peine s'en détacher, et que l'ame demeure presque anéantie sous un sentiment profond d'admiration et de terreur. C'est, sans doute, cet appareil de grandeur sauvage qui porta les Grecs à considérer les hautes montagnes comme la demeure de toutes les divinités qui exercent quelque empire sur l'imagination, et, leur faisant placer le séjour habituel des Muses sur l'Hélicon, le Parnasse et le Pinde, leur laissa croire, en même tems, qu'elles fuyaient le tumulte des plaines, et allaient méditer leurs doctes leçons sous la voûte des rochers, ou sur le bord des torrens.

(1) Lucain.

On ne saurait trop admirer le discernement avec lequel les anciens Grecs assignèrent à chaque divinité l'habitation la plus conforme à son caractère et à ses attributions ; en effet, pour peu qu'on parcoure les pays dont ils ont fait le théâtre de leurs fictions ingénieuses, on ne tarde pas à s'apercevoir que tous ont été envisagés sous le point de vue le plus vrai et le plus convenable. C'est ainsi que, dans cette partie de l'Épire, où l'entrée des enfers se trouvait placée, tous les objets présentent un aspect lugubre, et sont propres à inspirer la terreur : c'est ainsi qu'on voit les Muses se retirer au milieu des rochers silencieux du Pinde, la superstition dicter ses oracles du haut des collines de Delphes, et le Dieu Pan faire résonner ses pipeaux rustiques dans les bosquets de Tempé ou dans les vallons fleuris de l'Arcadie.

Les Thermopyles

Les Thermopyles.

> Ῥωπήϊ παρὰ παντὸς σκοπῆ, ἐπεὶ δ' ἐρύοντο
> Τοὺς ποτε Μηδείους φύλακες τρηχεοσιαν. (1)
> LOLEMIS.

Ces monts, si célèbres dans les annales de l'antiquité, s'élèvent sur les bords du golfe Maliaque, entre la Thessalie et la Phocide : lorsqu'on y arrive par la plaine, on est obligé de traverser le Sperchius, fleuve large et majestueux qui descend du mont Tymphreste, et dont les bords sont couverts de peupliers. Non loin de là, on trouve ces sources d'eau chaude que Sophocle appelle Διερμοι θερμοι λοιβαι, et qui ont fait donner le nom de Thermopyles aux montagnes qui les avoisinent. L'eau jaillit du sein du rocher, et coule d'abord dans un canal assez étroit, en répandant une forte odeur de soufre, et couvrant ses bords d'une poussière jaunâtre. Les habitans du pays qui en connaissent les propriétés médicinales, s'y baignent fort souvent, et M. Haygarth a observé que, près de la source, le thermomètre de Farenheit s'élève de 77 à 103 degrés. Ce n'est qu'après une heure de marche, qu'on parvient au petit village de Mola, situé au milieu d'un bois, et placé à l'entrée du passage des Thermopyles. Il n'est point facile de déterminer exactement l'étendue et les bornes de ces défilés célèbres : on pense généralement qu'ils occupaient autrefois un espace d'environ six milles ; mais, comme depuis, la mer s'est beaucoup retirée, que des marais se sont formés sur une partie du terrain abandonné par elle, toute certitude, relative aux anciennes limites, est devenue impossible (2).
Quoi qu'il en soit, les gorges des Thermopyles présentent des perspectives extrêmement pittoresques ; quelquefois la vue peut

(1) Au milieu des rochers qui bordent la Phocide, sont les tombeaux des trois cents guerriers qui moururent pour la défense de leur pays.

(2) L'entrée des défilés par le nord-ouest n'était pas éloignée du Sperchius, et dans une épigramme de Simonide, rapportée par Hérodote, il est dit que le devin Mégistias, l'un des compagnons de Léonidas, périt au moment où les Mèdes traversaient le fleuve.

> Νισμα τοδε κλεινου Μεγιστια, ὁν ποτε Μηδοι
> Σπερχειον ποταμον κτεινον αμειψαμενοι.

C'est à peu près à cette même place que les Phocéens, pour se prémunir contre les irruptions des Thessaliens, construisirent un mur qui coupait le passage, mais qui, s'opposant au libre cours des eaux thermales, donnait lieu à de fréquentes inondations, et finit, selon toute apparence, par être miné et renversé par elles.

Hérodote, liv. 7, chap. 176.

s'étendre au loin, mais le plus souvent, elle est arrêtée par d'immenses rochers qui, tantôt s'élèvent à une grande hauteur, tantôt se terminent brusquement, paraissent suspendus dans les airs, et sont couronnés, par intervalles, d'arbres et de buissons.

Toutefois, ce n'est point à la majestueuse beauté des sites, qu'il faut rapporter l'émotion qu'on éprouve en parcourant les Thermopyles. Cette émotion prend sa source dans le souvenir du plus glorieux dévoûment, dont les annales du monde aient jamais fait mention ; et, quoiqu'aucun monument ne serve à en conserver la mémoire, quoique plus de vingt siècles se soient écoulés depuis, l'imagination sait suppléer à tout, détruire jusqu'à la différence des tems ; et, sur ces rochers incultes, dans ces sentiers aujourd'hui déserts, voir encore les plus grands des héros mourir pour la plus belle des causes. Les détails de cet événement célèbre sont trop présens, sans doute, à l'esprit de nos lecteurs, pour qu'il soit besoin de les rappeler, il nous suffira de reproduire ici les circonstances moins connues, mais non moins intéressantes, qui accompagnèrent et suivirent la mort de Léonidas. Dès qu'il se fut aperçu de la trahison d'Épialthès, il abandonna les défilés, s'avança dans la plaine pour attaquer les Perses, et périt après en avoir fait un horrible carnage. Son corps, rapporté dans le détroit par ses soldats, y fut ensuite enseveli ; et, du tems d'Hérodote, un lion, sculpté en pierre, servait encore à désigner la tombe du héros (3).

Les Thermopyles ont depuis servi de théâtre à plusieurs autres événemens remarquables. On sait que Philippe, roi de Macédoine, échoua dans la première tentative qu'il fit pour s'emparer de ces défilés, que Brennus chercha vainement à s'y ouvrir un passage pour pénétrer dans l'intérieur de la Grèce, et que plus tard ils furent témoins d'un combat entre Antiochus et les Romains commandés par Acilius Glabrion, combat dans lequel ces derniers remportèrent la victoire. Sous le consulat de Métellus, la ligue des Achéens fit d'inutiles efforts pour arrêter la marche des Romains ; et enfin, sous le règne de Décius, Claude qui, dans la suite, dirigea les rênes de l'empire, fut chargé de défendre ce poste important, et de s'opposer à l'irruption des Goths ; mais les troupes qui étaient sous ses ordres, n'osèrent point se mesurer avec les soldats d'Alaric, et, loin de leur disputer la possession du défilé, se retirèrent sans en être venus aux mains. De nos jours, les Thermopyles ont vu s'opérer de nouveaux prodiges de valeur et d'héroïsme ; d'autres Léonidas, d'autres Spartiates ont succombé pour la liberté de la patrie ; puisse leur dévoûment être plus heureux que celui de leurs ancêtres !

(3) Πα δ'εταιρε επ' ηρθε ευδυντηρογεν παντοσ θηρος
Εστακε, τας ταμρε μνεμα μεγαλο Λεωνιδεω.
Anthologia.

www.ingramcontent.com/pod-product-compliance
Lightning Source LLC
LaVergne TN
LVHW021701080426
835510LV00011B/1512